图解铁路工程施工安全 33

图解铁路钢筋工程与预应力工程作业安全

黄守刚　编著

中国铁道出版社
2012年·北京

图书在版编目(CIP)数据

图解铁路钢筋工程与预应力工程作业安全/黄守刚编著
北京:中国铁道出版社,2012.7
(图解铁路工程施工安全/黄守刚主编)
ISBN 978-7-113-14650-4

Ⅰ.①图… Ⅱ.①黄… Ⅲ.①铁路工程—配筋工程—安全技术—图解②铁路施工—预应力施工—安全技术—图解 Ⅳ.①U215.13-64

中国版本图书馆 CIP 数据核字(2012)第 089666 号

书　　名:图解铁路工程施工安全
图解铁路钢筋工程与预应力工程作业安全
作　　者:黄守刚

策划编辑:许士杰
责任编辑:许士杰　　编辑部电话:(010) 51873204　　电子信箱:syxu99@163.com
版式设计:纪　潇
责任校对:王　杰
责任印制:陆　宁

出版发行:中国铁道出版社(100054,北京市西城区右安门西街 8 号)
网　　址:http://www.tdpress.com
印　　刷:中国铁道出版社印刷厂
版　　本:2012 年 7 月第 1 版　2012 年 7 月第 1 次印刷
开　　本:850 mm×1 168 mm　1/32　印张:6.125　字数:163 千
印　　数:1~3 000 册
书　　号:ISBN 978-7-113-14650-4
定　　价:27.00 元

前 言

铁路工程建设规模大、施工人员分散、流动性强、机械化程度低、劳动强度高、安全管理人员数量少、临时设施多、职业卫生条件件差，加之新材料、新技术、新工艺、新装备大量采用，安全管理任务重，难度大。为解决铁路工程施工安全教育培训难题，编著者们针对铁路工程施工的安全特点，撰写了“图解铁路工程施工安全”系列丛书。

本丛书以最新版铁路工程施工安全技术规程、施工现场临时用电安全技术规范、建筑机械使用安全技术规程等标准、规范、规程为基础，以满足安全管理、安全技术和安全操作三个层次人员的教育培训需要为目标，深入浅出地用图画形式直观、形象地解析了铁路工程施工危险危害因素、安全基本常识、安全技术要点与安全管理注意事项等。

本丛书特别适合作为一线施工人员的安全知识、安全技能学习的自学用书，也可作为安全作业的指导用书，还适合于施工安全管理人员、施工技术人员等参考阅读。

限于编著者们的水平和绘图素材的选取局限性，书中错误和不妥之处在所难免，恳请广大读者批评指正。

本丛书由石家庄铁道大学黄守刚主持编著，铁道部铁路工程技术标准所薛吉岗主持审定。

编著者

2012年7月

目录
Contents

001 1 钢筋加工机械操作安全
002 1.1 钢筋调直切断机
023 1.2 钢筋切断机
035 1.3 钢筋弯曲机
056 1.4 钢筋冷拉机
064 1.5 钢筋冷镦机
070 1.6 钢筋点焊机
072 1.7 钢筋闪光对焊机
082 1.8 钢筋气焊设备
096 1.9 钢筋直螺纹滚丝机
112 1.10 钢筋笼成形机
114 2 钢筋作业安全
115 2.1 钢筋加工场
149 2.2 钢筋吊装与运输
162 2.3 钢筋绑扎
175 3 预应力施工安全
176 3.1 主要危险源与危害因素
179 3.2 安全要点

1　钢筋加工机械操作安全

1.1 钢筋调直切断机

1. 安装和试运转

（1）钢筋调直机应安装在平坦坚实的地面上。

（2）安装承重架时，承重架料槽的中心要对准导向筒、调直筒、下切刀孔或剪切齿轮槽的中心线，并保持平直。

（3）钢筋调直机安装好后，应按如下步骤进行操作和检查（此处以某种型号的调直切断机为例，其余型号的安全操作可参考本内容）：

①连接好主电源。

钢筋调直机安装好后，应按如下步骤进行操作和检查：
②打开机器护罩。

钢筋调直机安装好后，应按如下步骤进行操作和检查：
③观察调直机构是否有松动或脱落现象。

钢筋调直机安装好后，应按如下步骤进行操作和检查：

④打开切断机构防护罩以便加油，使机器有良好的工作环境，有效减少机器故障。

钢筋调直机安装好后，应按如下步骤进行操作和检查：
⑤对各油孔加满润滑油。

钢筋调直机安装好后，应按如下步骤进行操作和检查：
⑥对齿轮和切断滑动部位加润滑油。

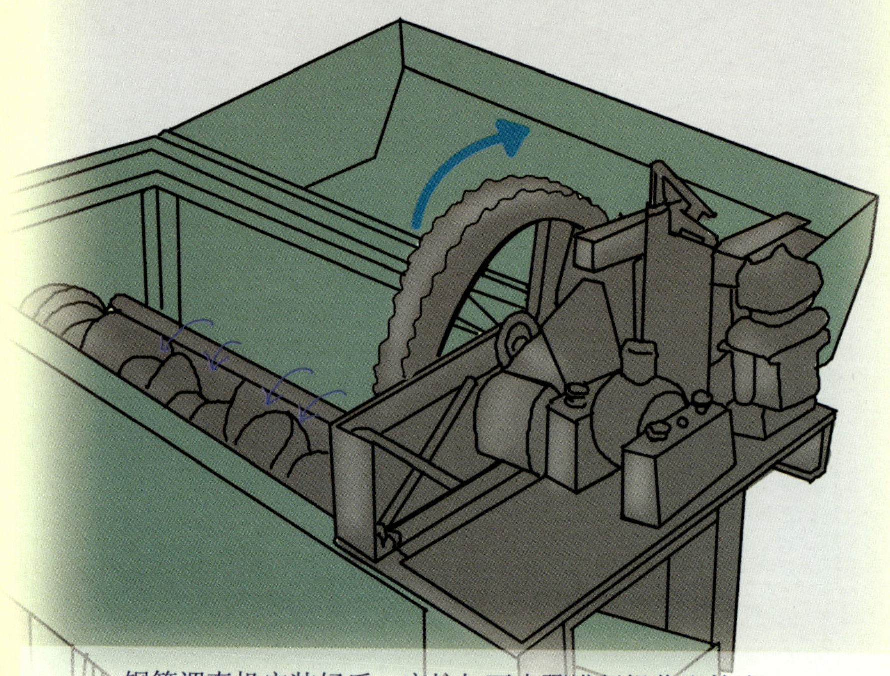

钢筋调直机安装好后，应按如下步骤进行操作和检查：

⑦检查机器正反转。如转向不对，应调整控制箱里面的电机接线柱。启动后，运转两分钟，检查机器运转是否正常。

钢筋调直机安装好后，应按如下步骤进行操作和检查：
⑧对切刀滑动部位滴注润滑油。

钢筋调直机安装好后，应按如下步骤进行操作和检查：
⑨通过调直块对调直部分进行调节。

钢筋调直机安装好后，应按如下步骤进行操作和检查：
⑩扣上调直机构防护罩。

（4）连杆部位必须每2h加油一次。

（5）应检查所有的电气线路和零件有无损坏，机器的连接件是否可靠，各传动部分是否灵活，确认无误后方可进行试运转。

（6）先进行空机运转，检查轴承（重点检查调直筒轴承）、锤头、切刀或剪切齿轮等工作是否正常。确认无异常状况后，方可送料，试验调直和切断。

2. 操作中安全注意事项

（1）按所调直钢筋直径，选用适当调直块、曳引轮槽及转动速度。调直块直径应比钢筋直径大2.5mm，曳引轮槽宽与所调直钢筋直径相同。

（2）切断三、四根钢筋后须停机检查其长度是否合适。如长度有偏差，可调整限位开关或定尺板。

（3）在导向筒的前部应安装一根1m左右长的钢管。被调直的钢筋应先穿过钢管再穿入导向筒和调直筒，以防止每盘钢筋接近调直完毕时弹出伤人。

（4）在调直块未固定，防护罩未盖好前不得穿入钢筋，以防止开动机器后，调直块飞出伤人。

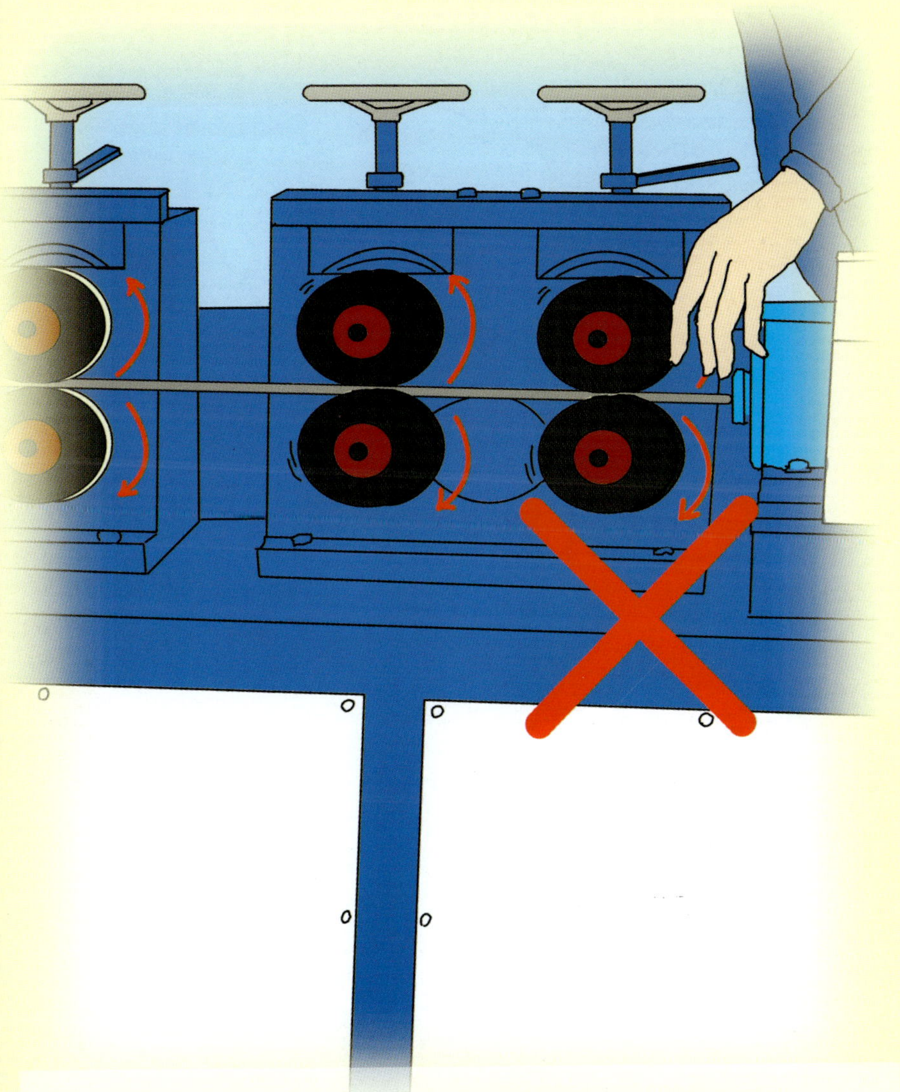

（5）钢筋穿入后，手与曳引轮应保持一定距离。

（6）钢筋在调直过程中，为防止由于氧化铁皮飞扬，污染环境，应采取相应的防尘措施。

1.2 钢筋切断机

1. 使用前必须检查刀片有无裂纹，刀片固定螺丝是否紧固。皮带轮侧面的防护栏和传动部分的防护罩是否齐全。

2. 机械未达到正常转速时，不得切料。切断时应注视刀片来往间隙，双手握紧钢筋迅速送入，并向刀片一侧稍用力压紧，不准两手分在刀片两边俯身送料。

3. 禁止切断直径超过机械铭牌规定的钢筋和烧红的钢筋。多根钢筋一次切断时必须换算钢筋截面。

4. 如切断低合金等特种钢筋，应更换高硬度刀片，同时根据机器铭牌所规定直径进行换算。

5. 切断短料时，手握一端的长度不得小于40cm，贴近刀片的手与刀片之间至少保持15cm以上的安全距离。

6. 切下的钢筋长度小于30cm时，切断前必须用套管或夹具压住短头防止回弹伤人。

7. 切断较长的钢筋，应设专人帮扶钢筋，人员应与掌握机器人员动作一致，并听从其指挥，不得任意拉、拽。

8. 机械运转中严禁用手直接清除刀口附近的断头和杂物。

9. 机械运转中钢筋摆动范围内及刀口附近，非操作人员不准停留。

10. 发现机械运转不正常，有异声或刀片歪斜、松动、崩裂时，应立即断电停车检修。严禁对运转的机械进行检修。

11. 已切断的半成品，应码放整齐。防止个别新切口突出划伤皮肤。

12．工作完毕应拉闸断电，锁好开关箱，并将工作地点清扫干净，机器擦净和加注润滑油脂。

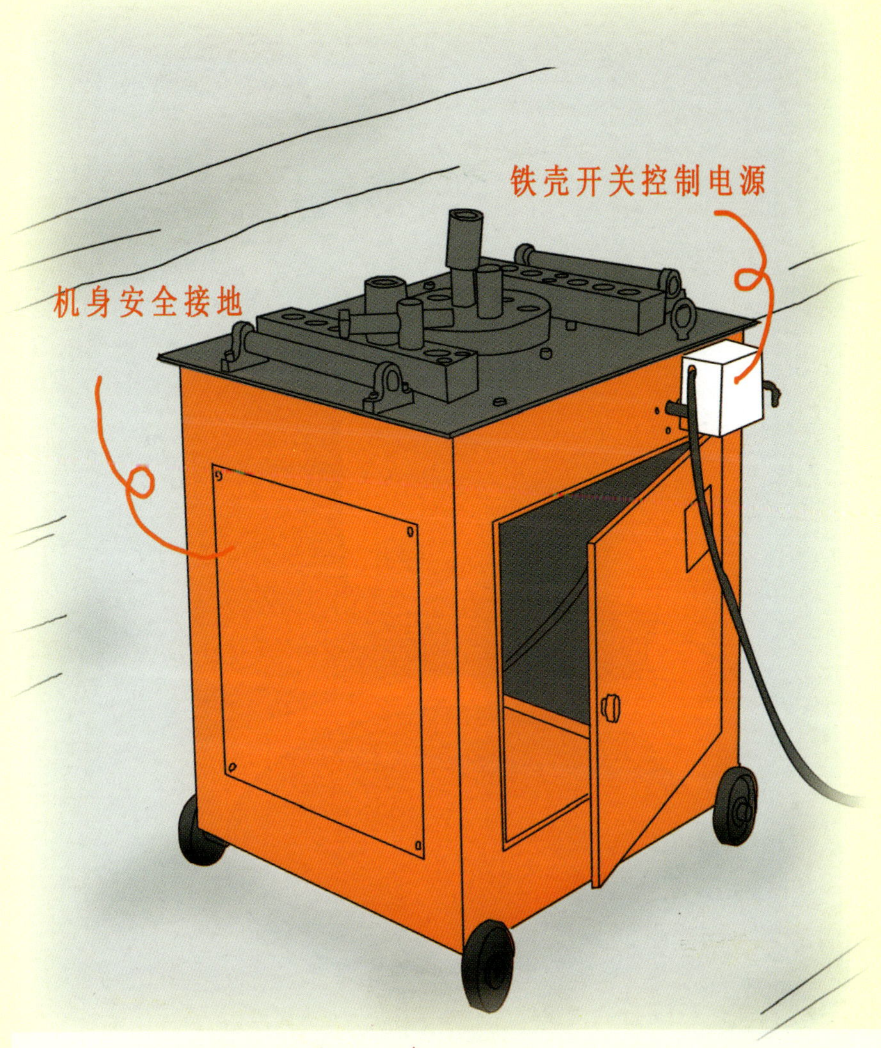

1.3 钢筋弯曲机

1. 机械安装必须注意机身应安全接地，电源不允许直接接在按钮上，应另装铁壳开关控制电源。

2. 使用前检查机件是否齐全，所选的动齿轮是否和所弯钢筋直径机转速符合。牙轮啮合间隙是否适当。固定铁锲是否紧密牢固。以及检查转盘转向是否和倒顺开关方向一致。并按规定加注润滑油脂。检查电气设备绝缘接地线有无破损、松动。

3. 检查经过试运转，确认合格方可操作。

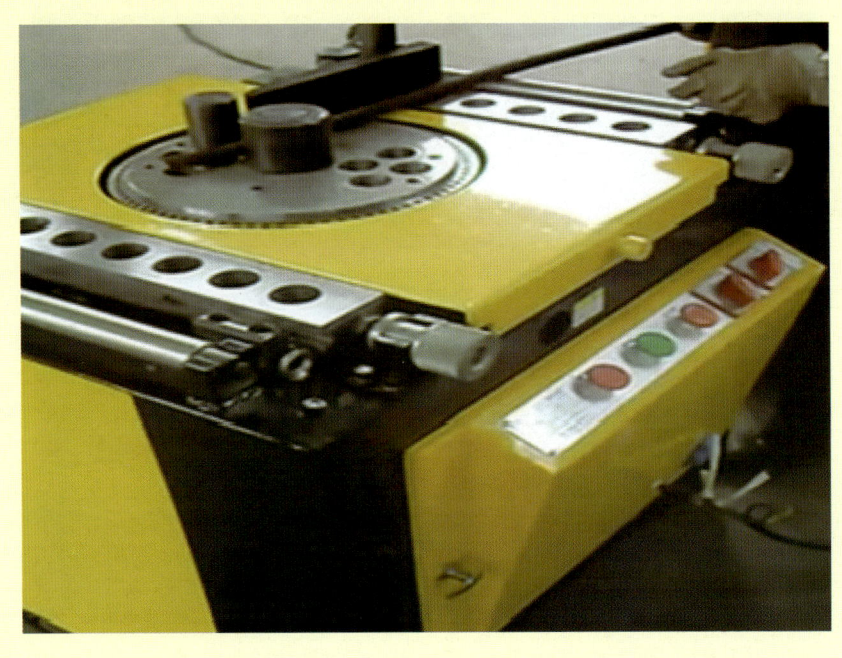

4. 操作时应将钢筋需弯的一头安稳在转盘固定镢头的间隙内，另一端紧靠机身固定镢头，用一手压紧，必须注意机身镢头确实安在挡住钢筋的一侧，方可开动机器。

5. 更换转盘上的固定镢头，应在运转停止后再更换。

6. 严禁弯曲超过机械铭牌规定直径的钢筋和吊装起重索具用的吊钩。

7. 弯曲未经冷拉或带有锈皮的钢筋，必须带好防护镜。

8. 弯曲低合金钢等非普通钢筋时，应按机械铭牌规定换算最大限制直径。

9. 变速齿轮的安装应按下列规定：

（1）直径在18mm以下的普通钢筋可以安装快速齿轮。

（2）直径在18～24mm时可用中速齿轮。

（3）直径在25mm以上必须使用慢速齿轮。

10. 转盘倒向时，必须在前一种转向停止后，方许倒转。拨动开关时必须在中间停止挡上等候停车，不得立即拨反方向挡。

11. 运转中发现卡盘颤动，电机发热超过铭牌规定，均应立即断电停车检修。

12. 弯曲钢筋的旋转半径内不准站人。

13. 机身不设固定镢头的一侧不准站人。

14. 弯曲的钢筋，其弯钩一般不得上翘。

15. 弯曲的半成品应码放整齐。

16. 弯曲较长钢筋，应有专人帮扶钢筋，帮扶人员应按操作人员指挥手势进退，不得任意推送。

17．工作完毕应将工作场所及机身清扫干净，缝坑中的积锈应用手动鼓风器（皮老虎）吹掉。禁止用手指抠挖。

18. 数控钢筋弯曲机应注意以下事项：

（1）设备操作前仔细检查设备状况，安全情况，确认设备无问题后可启动设备。

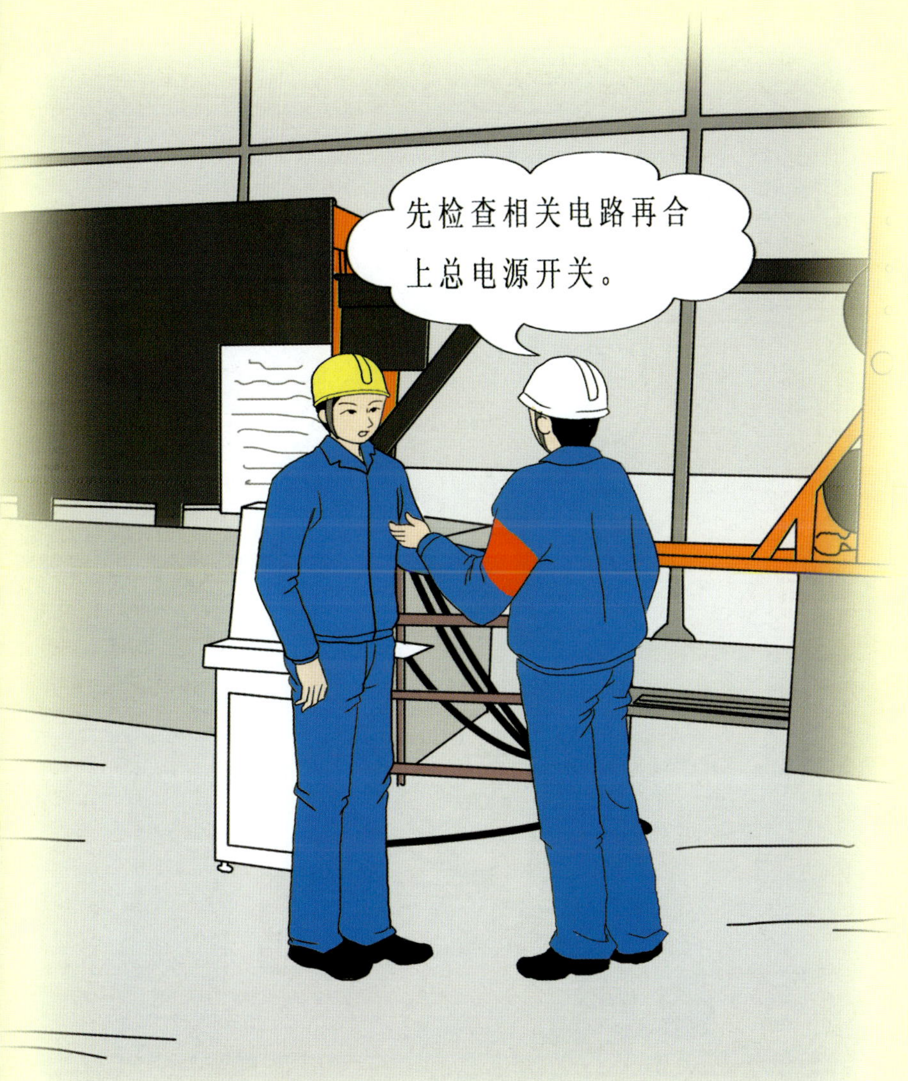

数控钢筋弯曲机应注意以下事项：

（2）设备开动前先检查相关电路有无异常，尤其PE线的连接情况，确认无异常后合上总电源开关。

数控钢筋弯曲机应注意以下事项：

（3）闭合操作台上的电源开关，检查有无报警显示，如果有报警指示，按报警画面的故障提示消除报警故障。

数控钢筋弯曲机应注意以下事项：

（4）上述步骤正常后方能批量投入生产。应搞好设备的润滑工作。工作完毕后，关掉电源开关，搞好设备清洁卫生。

1.4 钢筋冷拉机

1. 机械的安装应坚实稳固，保持水平位置。

2. 固定式机械应有可靠的基础。移动式机械作业时应揳紧行走轮。

3. 室外作业应设置机棚，机旁应有堆放原料、半成品的场地。

4. 应根据冷拉钢筋的直径，合理选用卷扬机。卷扬钢丝绳应经封闭式导向滑轮并和被拉钢筋水平方向成直角。

5. 卷扬机的位置应使操作人员能见到全部冷拉场地，卷扬机与冷拉中线距离不得少于5m。

6. 冷拉场地应在两端地锚外侧设置警戒区，并应安装防护栏及警告标志。

7. 冷拉操作人员在作业时必须离开钢筋2m以外。

8. 用配重控制的设备应与滑轮匹配，并应有指示起落的记号，没有指示记号时应有专人指挥。

9. 配重框提起时高度应限制在离地面300mm以内，配重架四周应有栏杆及警告标志。

10. 作业前，应检查冷拉夹具，夹齿应完好，滑轮、拖拉小车应润滑灵活，拉钩、地锚及防护装置均应齐全牢固。

11. 检查确认所有装置状态良好后，方可作业。

12. 卷扬机操作人员必须看到指挥人员发出信号，并待所有人员离开危险区后方可作业。

13. 卷扬机操作人员操作冷拉应缓慢、均匀。当有停车信号或见到有人进入危险区时，应立即停拉，并稍稍放松卷扬钢丝绳。

14. 用延伸率控制的装置，应装设明显的限位标志，并应有专人负责指挥。

15. 夜间作业的照明设施，应装设在张拉危险区外。当需要装设在场地上空时，其高度应超过5m。灯泡应加防护罩，导线严禁采用裸线。

16. 作业后，应放松卷扬钢丝绳，落下配重，切断电源，锁好开关箱，做好润滑工作，并堆放好成品，清理场地。

1.5　钢筋冷镦机

1. 机械的安装应坚实稳固，保持水平位置。固定式机械应有可靠的基础。移动式机械作业时应楔紧行走轮。

2. 室外作业应设置机棚，机旁应有堆放原料、半成品的场地。

3. 加工较长的钢筋时，应有专人帮扶，并听从操作人员指挥，不得任意推拉。

4. 应根据钢筋直径，配换相应夹具等配件。

5. 应检查并确认模具、中心冲头无裂纹，并应校正上下模具与中心冲头的同心度，坚固各部螺栓，做好安全防护。

6. 启动后应先空运转，调整上下模具紧度，对准冲头模进行镦头校对，确认正常后，方可作业。

7. 机械未达到正常转速时，不得镦头。

8. 当镦出的头大小不匀时，应及时调整冲头与夹具的间隙。冲头导向块应保持有足够的润滑。

9. 作业后，应堆放好成品，清理场地，切断电源，锁好开关箱，做好润滑工作。

1.6 钢筋点焊机

1. 作业前，必须清除上、下两电极的油污。通电后，检查机体外壳应无漏油。

2. 启动前，应首先接通控制线路的转向开关调整极数，然后接通水源、气源，最后接通电源。电极、触头应保持光洁，漏电应立即更换。

3. 焊接操作及配合人员必须按规定穿戴劳动防护用品。并必须采取防止触电、高空坠落、瓦斯中毒和火灾等事故的安全措施。

4. 严禁加大引燃电路中的熔断器，当负载过小使燃管内不能发生电弧时，不得闭合控制箱的引燃电路。

5. 控制箱如长期停用，每月应通电加热30min，如更换闸流管亦要预热30min，正常工作的控制箱的预热时间不得少于5min。

6. 现场使用的电焊机，应设有防雨、防潮、防晒的机棚，并应装设相应的消防器材。

1.7 钢筋闪光对焊机

1. 对焊机应有可靠的接零保护和漏电保护装置，多台对焊机并列安装时，间距不得小于3m，并应接在不同的相线上，有各自的控制开关。

2. 作业前应进行检查，对焊机的压力机构应灵活，夹具必须牢固，气、液压系统应无泄漏，正常后方可施焊。

3. 焊接前应根据所焊钢筋截面，调整二次电压，不得焊接超过对焊机规定直径的钢筋。

4. 应定期磨光短路器上的接触点、电极、定期紧固二次电路全部连接螺栓，冷却水温度不得超过40℃。焊接较长钢筋时应设置托架。

5. 焊接时必须防止火花烫伤其他人员。

6. 在现场焊接竖向柱钢筋时，焊接后应确保焊接牢固后再松开卡具，进行下道工序。

7. 较长钢筋对焊时应放在支架上。

8. 随机配合搬运钢筋的人员应注意防止火花烫伤。搬运时，应注意焊接处烫手。

9. 焊完的半成品应堆码整齐。

10. 操作时，严禁站在钢筋上，更不得站在已经焊好的半成品上。

11. 闪光区内应设挡板，焊接时禁止其他人员入内。

12. 冬季焊接工作完毕后，应将焊机内的冷却水放净，以免冻坏冷却系统。

1.8　钢筋气焊设备

1. 施焊场地周围应清除易燃易爆物品，或进行覆盖、隔离。

2. 乙炔发生器（乙炔瓶）必须设有防止回火的安全装置、保险链。球式浮筒必须有防爆球。胶皮薄膜浮桶的装设厚度为1～1.5mm、直径不少于浮桶断面积的60%～70%。

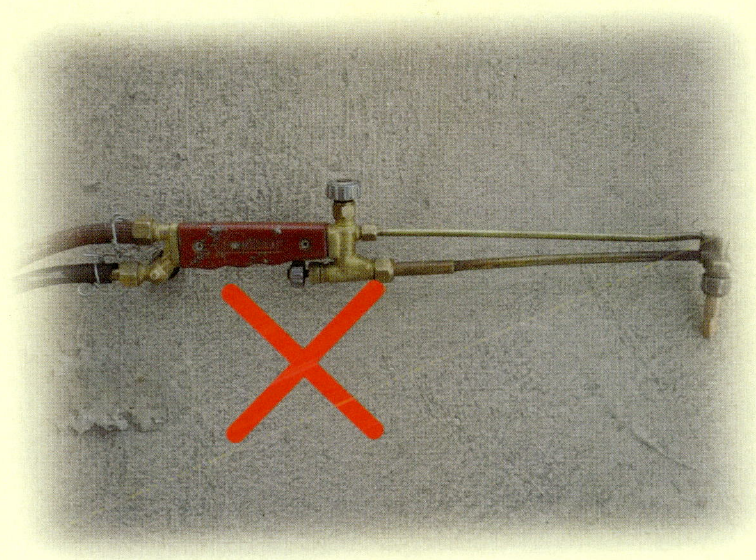

3. 严禁使用铁丝等各连接接头。

4. 氧气表上严禁沾染油脂。

5. 氧气瓶和焊接工具保持干净整洁，严禁沾染油脂。

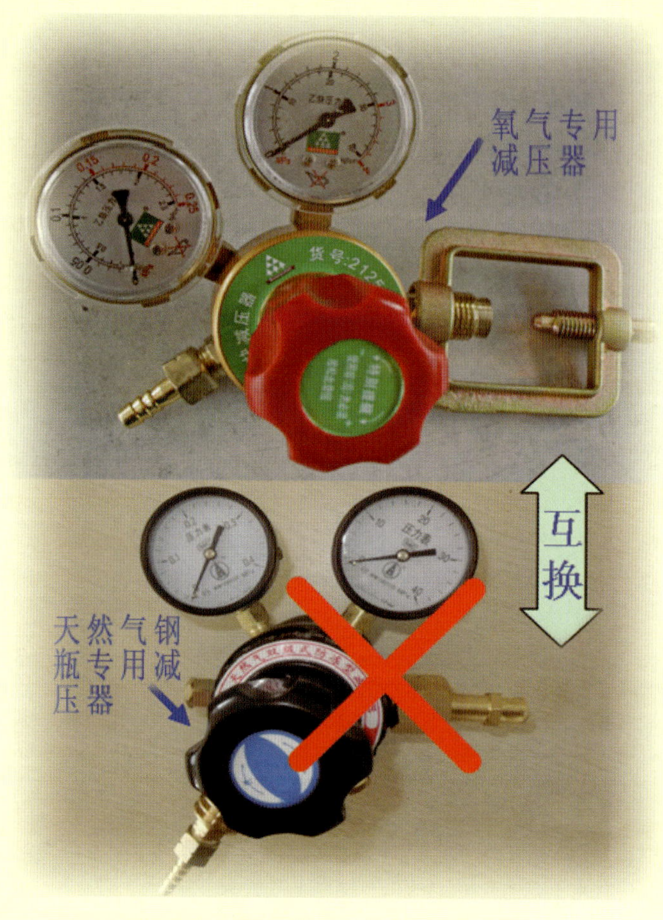

6. 各种气体专用的减压器，禁止换用或替用。

7. 减压器在专用气瓶上应安装牢固。

紫铜色

不得采用紫铜制作

8. 乙炔发生器的零件和管路接头，不得采用紫铜制作。

9. 乙炔发生器不得放置在电线的正下方。

10. 乙炔发生器（乙炔瓶）与氧气瓶不得同放一处。

11. 乙炔发生器距易燃、易爆物品和明火的距离，不得少于10m。

12. 检验乙炔发生器漏气，要用肥皂水，严禁用明火。

13. 氧气瓶应有防震胶圈，拧紧安全帽，避免碰撞和剧烈震动，并防止曝晒，冻结应用热水加热，不准用火烤。

14.　乙炔气管用后需清除管内积水。胶管防止回火的安全装置冻结时，热水或蒸汽加热触冻，严禁用火烘烤。

15. 点火必须用电子点火器，不可用打火机或火柴。

16. 点火时，焊枪口不准对人，正在燃烧的焊枪不得放在工件或地面上。带有乙炔和氧气时，不准放在金属容器内，以防气体逸出，发生燃烧事故。

17. 工作完毕，应将氧气瓶气阀关好，拧上安全罩。乙炔浮桶提出时，头部应避开浮桶上升方向，拔出后要卧放检查操作场地，确认无着火危险后，方准离开。

18. 乙炔瓶、氧气瓶应使用专用小车搬运，并配备相应的灭火器。

19. 乙炔瓶、氧气瓶不得拖拽、翻滚。

1.9　钢筋直螺纹滚丝机

1. 凡从事直螺纹滚丝机进行加工工作人员必须经过技术培训，技能考核合格后方能上岗，班组成员应相对固定。

2. 工作中严禁戴手套，禁止留长头发。

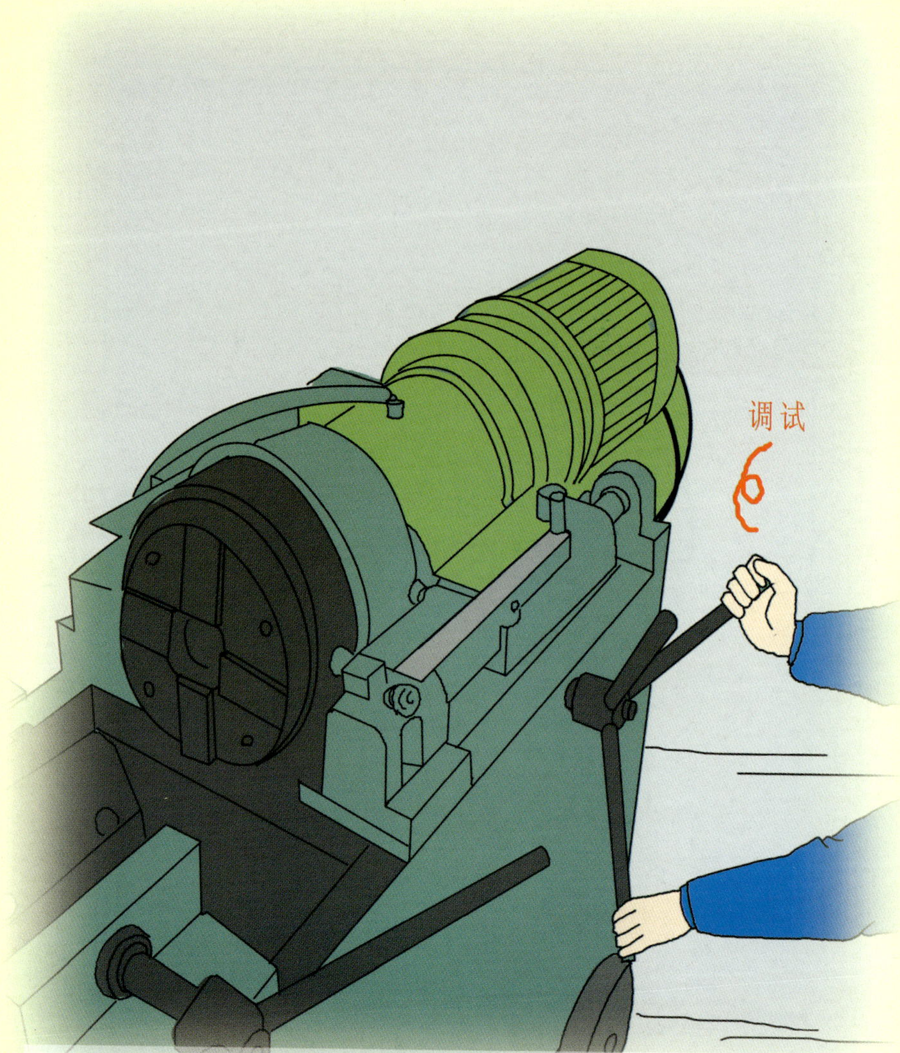

3. 正式生产前应对设备进行调试和试运行，一切正常后方能开工生产。

4. 钢筋下料切口，端面与钢筋轴线垂直，不得有马蹄形或拱曲，端部不直应调直后下料。

套丝前要先镦粗钢筋头。

5. 钢筋套丝之前应将钢筋头先行镦粗。

6. 镦粗前镦粗机应先回零位，钢筋直插入、顶紧，保证镦粗段钢筋预留长度。

7. 钢筋镦粗段不得有横向裂纹。

8. 不合格的镦粗头，应切去后重新镦粗，不得对镦粗头进行二次镦粗。

9. 加工钢筋丝头时，应该用水溶性切削液，当气温低于0℃时应有防冻措施。

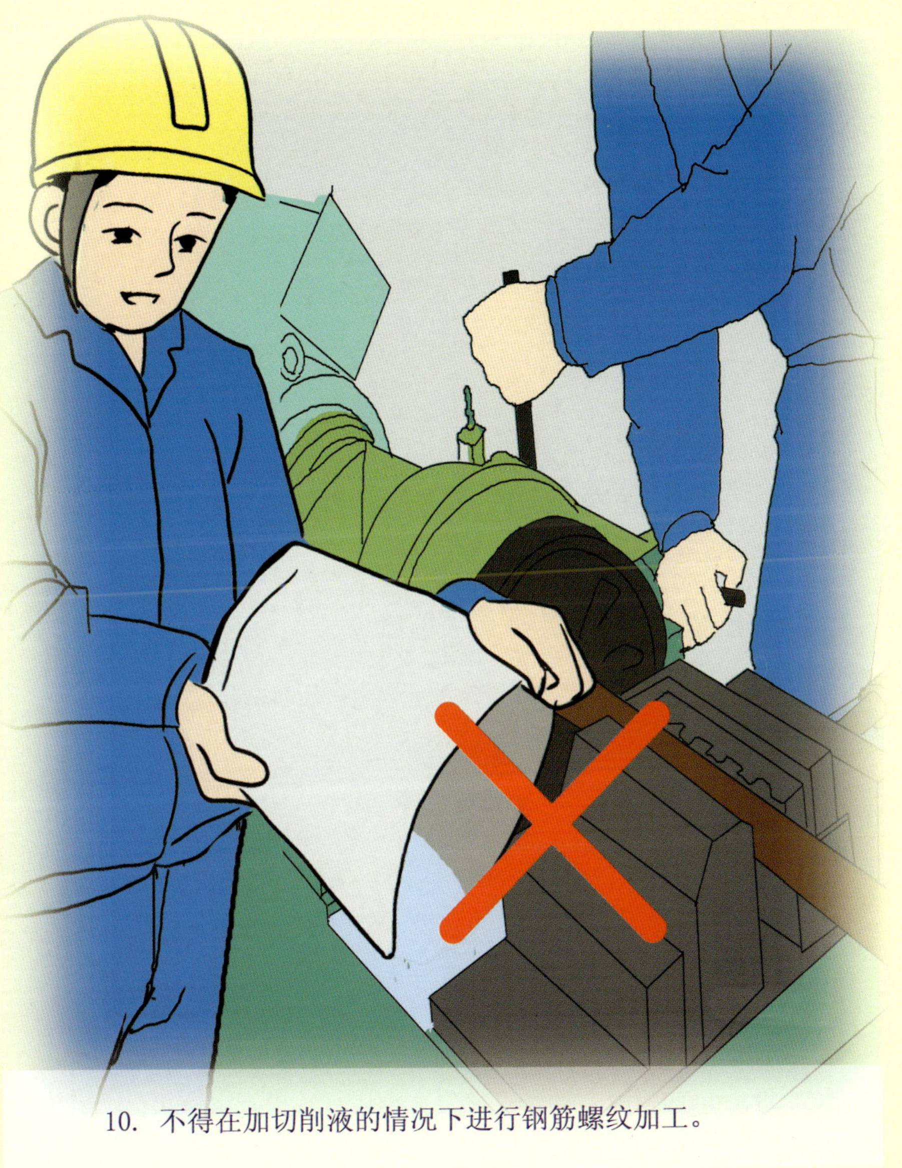

10. 不得在加切削液的情况下进行钢筋螺纹加工。

11. 班前检查，操作工应先空车运行，检查设备状况，机头旋向是否正常，切削液是否充足，电器开关是否灵敏，各部位螺钉是否紧固，电机及减速机声音是否正常。

12. 设备出现故障应及时排除，不得带“病”工作。

13. 高压油泵的维修应在室内无尘工况下进行，加油和维修过程应严防砂尘进入油路系统。

14. 每班结束后，操作工必须将镦头及其夹具、模具间的铁屑清理干净，螺纹加工设备的机头、台面应清理干净，及时更换切削液，导杆及转动部分加润滑油。

15. 未经过操作培训的人员绝对禁止操作设备。

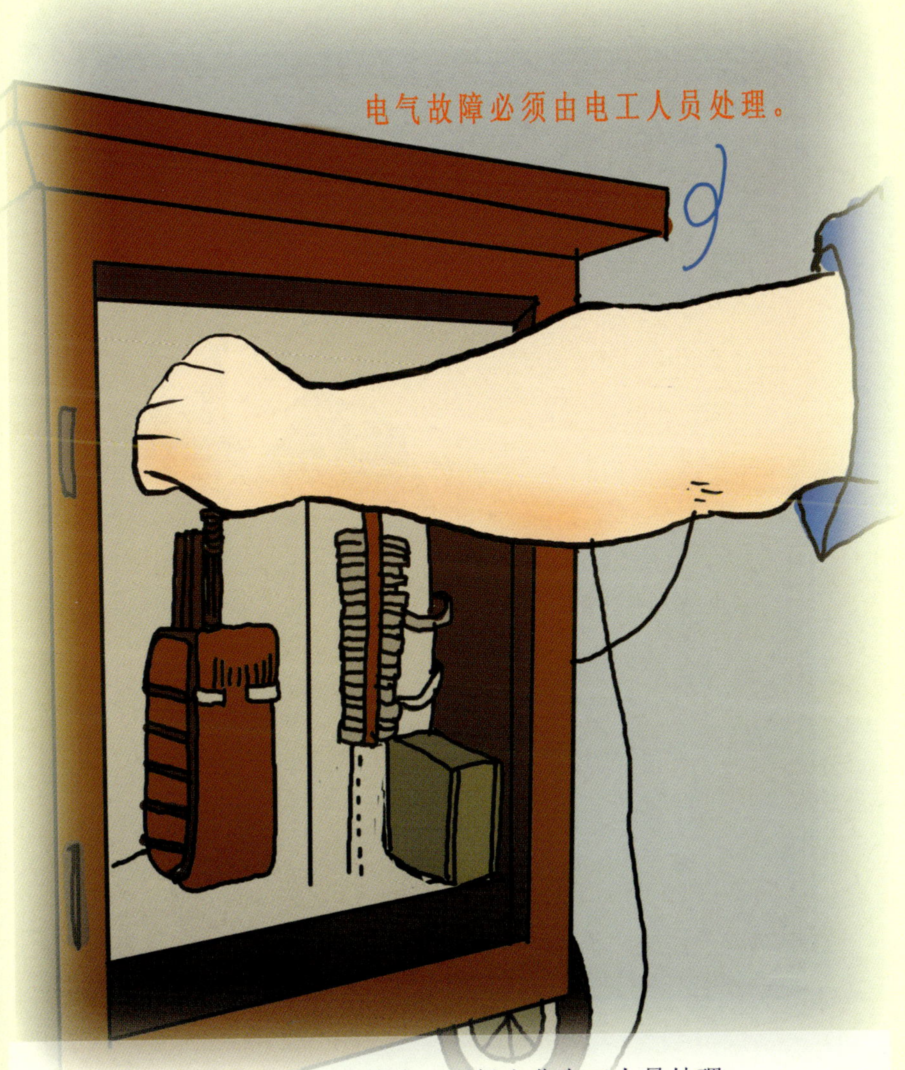

16. 设备出现的电器故障，不得由非电工人员处理。

17. 操作人员进入施工现场应佩戴安全帽。

18. 操作人员衣袖袖口必须扎紧，衣扣必须扣牢。

1.10 钢筋笼成形机

1. 设备操作人员上岗时，必须戴好安全帽。

2. 检查相关电路有无异常，确认无异常后才能合上总电源开关。

3. 检查气路压力是否达到要求。

4. 闭合操作台上的电源开关，检查有无报警显示，如果有报警指示，按报警画面故障提示消除报警故障。

5. 检查各电气开关是否在正确位置。

6. 检查各紧固件是否松动。
7. 检查各润滑部位的润滑情况，并及时加注油脂。
8. 随时检查各减速机的油位。
9. 焊接时，两侧各一人焊接，以免漏焊。

2 钢筋作业安全

2.1 钢筋加工场

1. 进入施工现场，必须扣好帽带，佩戴并正确使用个人劳动保护用具。

2. 作业人员必须身体健康，取得有效钢筋操作证后，方可独立操作。学徒工必须在师傅的指导下进行工作。

3. 作业时按规定佩戴护目镜、面罩、绝缘手套、绝缘鞋、鞋盖等防护用品。

4. 六级以上强风和大雨、大雪、大雾天气必须停止露天高处作业。

5. 在雨、雪后和冬季，露天作业时必须先清除水、雪、霜、冰，并采取防滑措施。

6. 雷雨时必须停止露天操作，预防雷击钢筋伤人。

7. 钢筋断料、配料、弯料等工作应在钢筋加工棚内进行，不宜在绑扎现场进行断料、弯料或配料。

钢筋加工棚应注意以下安全事项：

（1）钢筋加工棚地面采用C15混凝土进行硬化，钢筋及成品存放地、加工棚地面应高于施工场地地面30cm，不得堵塞排水设施，防止雨水浸泡。

钢筋加工棚应注意以下安全事项：

（2）棚架钢管上严禁打孔。扣件在螺栓拧紧扭力矩达65N·m时，不得发生破坏。用脚手管搭设时，应有地横杆和斜撑，以保证其稳定性。

钢筋加工棚应注意以下安全事项：

（3）制作棚内的各种原材、半成品、废料等应按规格、品种分别堆放整齐。制作棚顶棚采用波形石棉瓦。

钢筋加工棚应注意以下安全事项：

（4）制作棚内设置照明灯具及用电线路应符合安全用电规定，照明灯具必须加装防护网罩。

钢筋加工棚应注意以下安全事项：

（5）夜间施工用的照明灯挂在顶棚，并加灯罩，电线绝缘良好，用电设施的安装使用，应符合临时用电规范和安全操作规程，严禁任意拉线接电。

钢筋加工棚应注意以下安全事项：
（6）搭设防护棚人员必须戴安全帽、安全带，穿防滑鞋。

钢筋加工棚应注意以下安全事项：

（7）在防护棚上进行电、气焊作业时，必须有防火措施和专人看守。

钢筋加工棚应注意以下安全事项：

（8）未经同意不得对搭好的架子作任何更改。

钢筋加工棚应注意以下安全事项：

（9）拆除防护棚时，要严格拆装顺序，严禁上下同时拆除，统一指挥，上下呼应，动作协调。地面必须设围栏和警戒标志，划出工作区，并派专人看守，禁止行人出入，严禁一切非操作人员入内。材料、工具不得乱扔。

8. 搬运钢筋要注意附近有无障碍物、电线是否架空和其他临时电气设备，防止钢筋在回转时碰撞电线或发生触电事故。

9. 起吊钢筋、钢筋拱架时下方禁止站人。

10. 作业中出现不安全险情时，必须立即停止作业，撤离危险区域，报告领导解决，严冒险作业。

11. 机前后应设防止钢筋回弹的防护挡板。调直至末端时，应采取防止钢筋甩动和弹起伤人的措施。

12. 钢筋焊接应符合下列规定：

（1）钢筋焊接场地应干燥无可燃物，施焊时的防火距离应符合有关规定。焊机应有可靠的漏电保护和接零保护。焊钳连接导线应绝缘良好无破损。

钢筋焊接应符合下列规定：
（2）雨天不得进行室外焊接作业。

钢筋焊接应符合下列规定：

（3）闪光焊时，焊机上应安装遮光围屏，焊接长钢筋时应设钢筋托架，闪光范围内不得有人员停留。

钢筋焊接应符合下列规定：

（4）室内进行电弧焊时，必须设置有效的通风除尘设施，操作者应佩戴防尘口罩。

钢筋焊接应符合下列规定：

（5）氧气和乙炔瓶不得混放。

（6）氧气和乙炔瓶不得靠近热源和电器设备，夏季要防止暴晒，与明火的距离要大于10m。

（7）氧气和乙炔瓶储存要有专人管理，保持瓶的直立并要有防倾倒措施。

直螺纹套筒连接应注意以下安全事项：

（1）操作前应对压圆设备及滚丝设备进行检查及试运转，符合要求方能作业。

直螺纹套筒连接应注意以下安全事项：

（2）操作人员不能硬拉压圆机的油管或用重物砸压油管，尽可能避开高压胶管的反弹方向，以防伤人。

直螺纹套筒连接应注意以下安全事项：
（3）操作钢筋切头、压圆及滚丝时要防止机械伤害。

直螺纹套筒连接应注意以下安全事项：
（4）上好套筒的钢筋应堆码整齐。

13. 钢筋码放应符合下列安全要求：

（1）严禁在高压线下、虚土、坡角、坡边等危险位置码放材料。

钢筋码放应符合下列安全要求：

（2）材料码放场地必须平整坚实，不积水，做到上遮下垫。放置的排水设施完善处。

钢筋码放应符合下列安全要求：
（3）加工好的成品钢筋必须按规格尺寸和形状码放整齐。

钢筋码放应符合下列安全要求：

（4）加工好的成品钢筋码放高度不超过150cm，标识清楚。

（5）弯曲好的钢筋码放时，弯钩不得朝上，防止人员跌倒时发生意外。

钢筋码放应符合下列安全要求：

（6）冷拉过的钢筋必须将钢筋整理平直，不得相互乱压和单头挑出，未拉盘筋的引头应盘住扎牢固定。

钢筋码放应符合下列安全要求：
（7）散乱钢筋应随时清理堆放整齐或放入容器内。

钢筋码放应符合下列安全要求：
（8）材料分堆分垛码放，不可分层叠压。

钢筋码放应符合下列安全要求：

（9）直条钢筋要按捆成行叠放，端头一致平齐，应控制在三层以内，并且设置防倾覆、防滑设施。

2.2 钢筋吊装与运输

1. 人力抬运钢筋时应动作一致，起落、上下坡道、拐弯时应互相呼应。

2. 搬运时必须按顺序逐层从上往下取运，严禁从下抽拿。

3. 转运过程必须多点固定、捆扎牢靠，防止在转运过程中坠落伤人、变形。

4. 竖向运输钢筋时，应搭设运料斜道。

5. 吊运钢筋骨架时，不得碰撞脚手架、模板及支（拱）架，骨架下方严禁站人，骨架到达作业面上方1m时，方可扶正就位并在支撑牢固后摘钩。

6. 严禁刮碰脚手架、模板、支（拱）架。不得在钢筋骨架上直接敷设电线、电缆。

7. 运输钢筋时，必须事先观察运行上方或周围附近是否有电源线、照明线、障碍物等，严防发生碰触。

8. 使用手推车运输时，应平稳推行，不得抢跑，空车应让重车。卸料时，应设挡掩，不得撒把倒料。

9. 使用汽车，机械设备运输前应检查现场道路平整坚实，必须设专人指挥。钢筋应绑捆固定牢固。短料和零散材料必须要用容器转运。

10. 跨越铁路线路和道口时，必须设防护员防护，统一指挥。

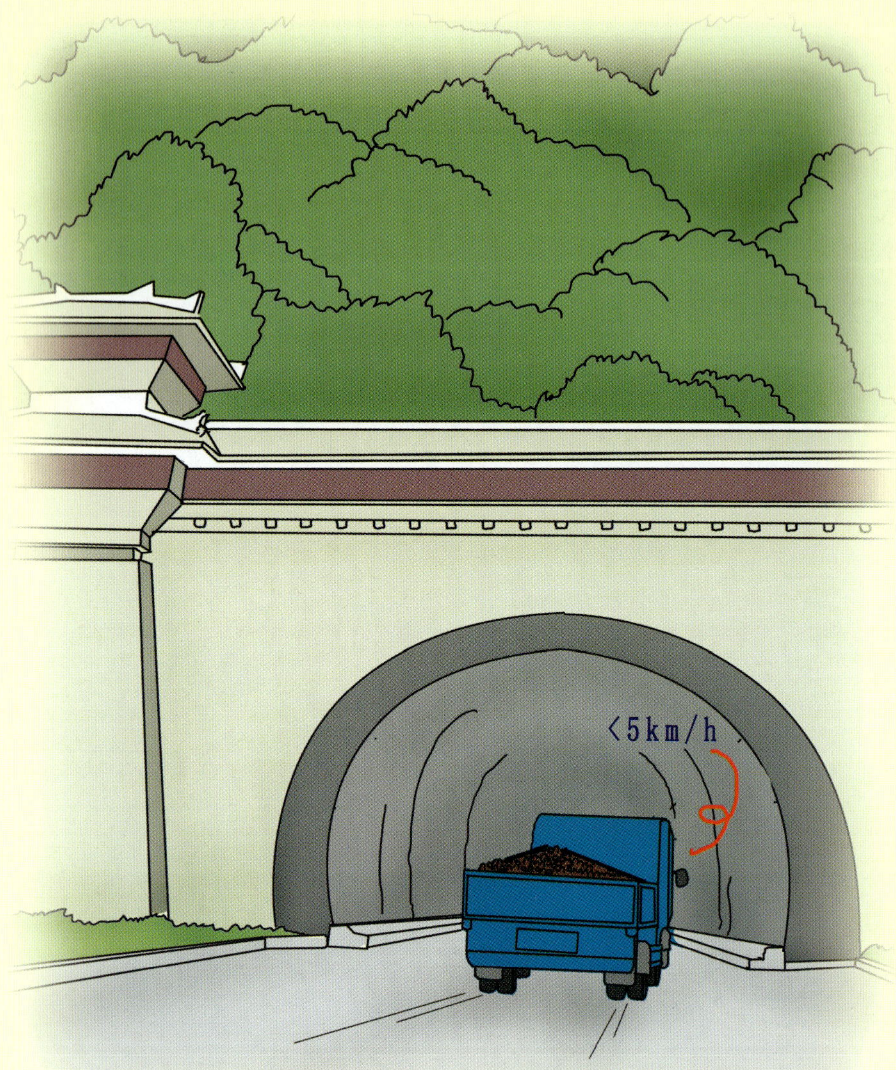

11. 进入施工隧道时车速不宜过快，应小于5km／h。卸钢筋时应按照规格、型号堆放整齐，禁止放在行车通道上，施工台车上钢筋一次性不宜摆放过多，应随使用随运送。

钢筋加工场防火应注意以下事项：

（1）应明确划分禁火区，并设置明显警示标志。

（2）应在明显易取处设置灭火器、水桶、沙箱、锹、耙等防火专用工具，并有防雨防冻措施，同时指定专人维护、管理、定期更新，保证状态完好。

钢筋加工场防火应注意以下事项：

（3）在仓库、油库、配电室、木工作业场所、焊割现场及存放易燃、易爆物品场所等地点严禁动用明火，并设置明显的“禁止烟火”标志。上述场所及重要机械设备处应配备相应的消防灭火器材。

钢筋加工场防火应注意以下事项：

（4）焊、割作业开始前，应将作业现场下方和周围的易燃物清理干净。当无法达到要求必须作业时，应采取浇湿、隔离等安全措施。作业结束时，应认真检查现场，在确认无余热引起燃烧危险后，方可离开。

钢筋加工场防火应注意以下事项：

（5）焊、割作业结束或离开操作现场时，必须切断电源、气源。赤热的焊嘴、焊钳以及焊条头等，禁止放在易燃、易爆物品和可燃物上。

钢筋加工场防火应注意以下事项：

（6）电气设备和线路应经常检查，发现可能引起火花、短路、发热和绝缘损坏等情况时，必须立即修理。

2.3 钢筋绑扎

1. 绑扎钢筋骨架前，应检查模板、支（拱）架、脚手架确认稳固后方可进行绑扎施工。

2. 绑扎深基础钢筋时，应设置上下通道，搬运传递钢筋时不得抛掷。

3. 钢筋骨架应支撑牢固，保证稳定。

4. 在2m以上的高处绑扎钢筋时，不得在模板上集中堆料，严禁直接攀下。

5. 在2m以上的高处绑扎钢筋时，不得站在支架、架子筋、样架上，必须搭设脚手架或操作平台。脚手架应搭设牢固，作业面脚手板要满铺、绑牢，不得有探头板、非跳板，临边应搭设防护栏杆和铺挂安全网。

6. 施工台车、脚手架或操作平台上不得集中码放钢筋，应随使用随运送，不得将工具、短钢筋随意放在脚手架上，应放至固定容器内。

7. 严禁从高处向下方抛扔或从低处向高处投掷物料。

8. 在高处上拉钢筋时，必须事先观察运行上方或周围是否有照明线、电缆、其他作业人员，严禁碰触。

9. 在钢筋调向时，必须事先观察运行上方或周围是否有照明线、电缆、其他作业人员，严防碰触。

10. 在钢筋绑扎过程中应注意钢筋的搭接、错接头及间排距的控制，避免返工和重复用工。

11. 绑扎钢筋的绑丝头，应弯回至钢筋骨架内侧，暂停绑扎时，应检查所绑扎的钢筋或骨架，确认连接牢固后方可离开现场。

12. 钢筋传递时应注意防水板保护，防止刮破、碰伤。使用电焊时禁止防水板不做防护、无一定的安全距离直接焊接，防止烫伤及火灾的发生。

13. 钢筋使用焊接时要确保焊接长度、焊接质量。并做好防触电措施，避免发生漏电事故。

钢筋绑扎严禁重叠作业。

【案例】某工地内发生钢筋架倒塌事故。

3　预应力施工安全

3.1 主要危险源与危害因素

预应力施工应考虑下列主要危险源、危害因素：

1. 预应力张拉高处、悬空作业时发生坠落。

2. 施加预应力时混凝土强度不足。

3. 预应力筋、锚具、夹具和连接器性能损伤引发夹片或预应力筋飞出伤人。

4. 油泵管路爆裂引起喷溅伤人。

3.2 安全要点

预应力张拉悬空作业时，应搭设张拉设备和操作人员作业的脚手架或操作平台。

雨天张拉时，应搭设防雨棚。

预应力筋、锚具、夹具和连接器应具有可靠的锚固性能、足够的承载能力，需敲击才能松开的夹具，必须保证不影响预应力筋的锚固、不危及操作人员的安全。

张拉区应设明显的警示标志，严禁非操作人员进入。张拉区两端必须设置防护挡板。

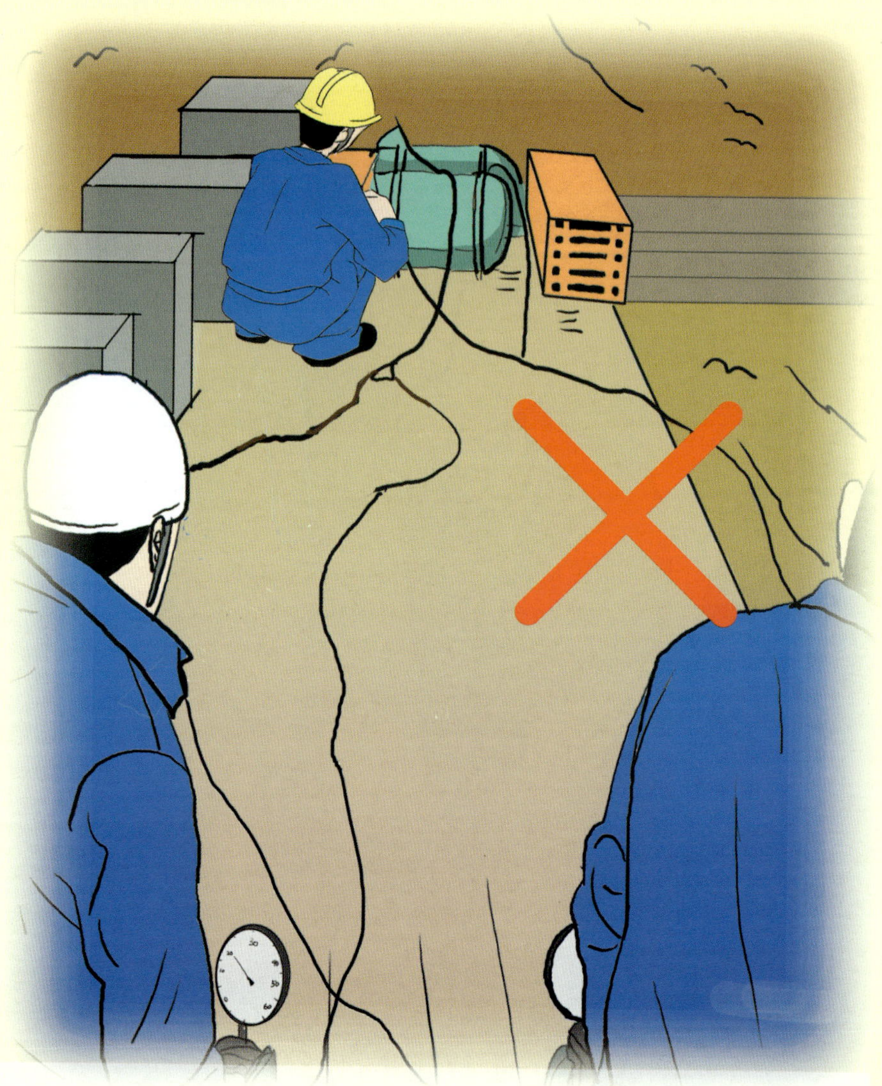

张拉时，千斤顶后面严禁站人，不得踩踏高压油管。

油泵工作时，严禁操作人员离岗。

张拉人员必须在张拉端侧面作业。

张拉千斤顶张拉吨位不得小于设计张拉力的1.2倍。施加预应力时，预应力筋、锚具和千斤顶应位于同一轴线上。

预应力张拉控制应力和张拉程序应符合设计要求。预应力张拉控制应力不得超过设计规定的最大张拉控制应力。

张拉过程中发现油泵、千斤顶、锚夹具等有异常时，应立即停止作业，并查明原因进行检修，需要时在复工前应对油泵和千斤顶重新标定。

张拉后，严禁撞击锚具、钢束。

注浆时应调整好安全阀。关闭阀门时，作业人员应站在侧面，并应穿防护服、戴护目镜。

后记

钢筋与预应力作业是铁路工程施工的基本内容，钢筋与预应力作业中，也时常发生人身伤害事故，为了使一线施工人员更好地掌握安全基本常识、安全操作技能和安全注意事项，以最大程度地减少这类事故的发生，我们组织编写了本书。在撰写过程中注意把安全管理、安全技术及安全作业有机统一起来，以安全作业为重点图解内容，同时兼顾了安全管理与安全技术相关内容的分析和阐述。

要创造性地采用图画方式将安全问题展现在读者面前，看似简单，实则难度很大。难题之一是有些安全问题用图画难以表达或有很大的局限性，有时甚至无法实现。撰写过程中的另一难题是：绘图人员不懂专业，对工程相关情况缺乏基本的感性认识。这就需要将脚本写得相当详尽，或当面指导绘图工作。即使这样，一般情况下每一幅图也需要经过多次反复修改，方能达到要求。

此外，由于施工机械设备种类型号繁多，只能选取某一型号来表述问题，从而使得读者现场所见到的机械设备可能会与本书中展现的有所不同。加之铁路工程的复杂性，也可能会造成读者实际所处的施工场景与本书所描述的不太一致。对于以上客观原因造成的不足，敬请读者谅解。

本书由石家庄铁道大学黄守刚编著。石家庄铁道大学四方学院程素丽、石家庄铁道大学王晨、吕希奎、康拥政、张慧丽、吴景龙、温少芳、刘润芬、孙海龙等提供了部分资料。本书插图由石家庄神行动漫设计有限公司赵咏梅、田晓彤、赵静、双江雪、李云霄、袁婷婷完成。中国铁道出版社石家庄铁道大学发行分部赵春虎、于超、杨晓燕对本书撰写也提出了宝贵意见。在此一并表示感谢。

限于时间和水平，书中错误和不妥之处在所难免，敬请读者不吝赐教。

编著者

2012年7月

“图解铁路工程施工安全”系列丛书

1 图解铁路桥梁基础施工安全
2 图解铁路桥梁墩台与支座施工安全
3 图解铁路简支梁制造运输架设安全
4 图解铁路桥位制梁施工安全
5 图解铁路钢桥与结合梁桥施工安全
6 图解铁路拱桥斜拉桥及转体施工安全
7 图解铁路桥涵综合施工作业安全
8 图解铁路隧道洞身与洞口工程施工安全
9 图解铁路不良地质与特殊岩土隧道施工安全及逃生
10 图解铁路隧道辅助施工作业安全
11 图解铁路路基本体施工安全
12 图解铁路路基附属工程及特殊路基施工安全
13 图解铁路轨道材料作业与运输安全
14 图解铁路轨道道床施工安全
15 图解铁路轨道铺设安全
16 图解铁路通信与信号工程施工安全
17 图解铁路电力与电力牵引供电工程施工安全
18 图解邻近铁路营业线施工安全

“图解铁路工程施工安全”系列丛书

19 图解铁路营业线施工安全
20 图解铁路工程拆除作业安全
21 图解铁路工程装卸与搬运安全
22 图解地铁隧道工程施工安全
23 图解铁路工程施工用电安全
24 图解铁路工程施工防火与消防
25 图解铁路工程材料储存与运输安全
26 图解铁路工程起重及垂直运输安全
27 图解特殊天气条件下铁路工程施工安全
28 图解铁路工程特殊环境与场所作业安全
29 图解铁路临时工程施工作业安全
30 图解铁路工程土石方作业安全
31 图解铁路工程桩工与水工机械作业安全
32 图解铁路混凝土与砌体工程施工安全
33 图解铁路钢筋工程与预应力工程作业安全
34 图解铁路工程焊接与动力电气安全
35 图解铁路工程小型机具作业安全
36 图解铁路工程施工安全防护与安全心理